첫 문장이 쉬워지는

한 줄 독서록

첫 문장이 쉬워지는
한 줄 독서록

1판 1쇄 인쇄 | 2024. 12. 26.
1판 1쇄 발행 | 2025. 1. 6.

유경선 글 | 차차 그림

발행처 김영사 | **발행인** 박강휘
편집 이은지 | **디자인** 조수현 | **마케팅** 서영호 | **홍보** 조은우 육소연
등록번호 제 406-2003-036호 | **등록일자** 1979. 5. 17.
주소 경기도 파주시 문발로 197(우10881)
전화 마케팅부 031-955-3100 | 편집부 031-955-3113~20 | 팩스 031-955-3111

값은 표지에 있습니다.
ISBN 979-11-7332-016-3 73700

좋은 독자가 좋은 책을 만듭니다. 김영사는 독자 여러분의 의견에 항상 귀 기울이고 있습니다.
전자우편 book@gimmyoung.com | 홈페이지 www.gimmyoung.com

|어린이제품 안전특별법에 의한 표시사항| 제품명 도서 제조년월일 2025년 1월 6일
제조사명 김영사 주소 10881 경기도 파주시 문발로 197 전화번호 031-955-3100 제조국명 대한민국
사용 연령 8세 이상 ⚠주의 책 모서리에 찍히거나 책장에 베이지 않게 조심하세요.

첫 문장이 쉬워지는

한 줄 독서록

유경선 글·차차 그림

주니어김영사

독서록이 '어려운' 친구들에게

　여러분은 독서록 쓸 때 어떤 생각이 드나요? 제가 교실에서 만난 친구들은 이런 말을 많이 했어요. "어떻게 시작해야 할지 모르겠어요.", "생각과 느낌을 쓰라는데 아무 생각도 안 나요.", "나도 술술 잘 쓰고 싶어요."라고요. 독서록을 쓰기 싫어하는 게 아니라 어려워하고 있었지요.

　저도 어릴 때 독서록만 생각하면 머리가 지끈지끈 아팠어요. '~해서 재미있었다' 말고 생각과 느낌을 좀 더 풍성하고 다양하게 쓰라는 이야기를 많이 들었지요. 하지만 무엇을, 어떻게 써야 그렇게 쓸 수 있는지 배운 적이 없어 마냥 어렵기만 했어요. 그래서 선생님이 된 후, 우리 친구들이 좀 더 쉽고 다양한 방식으로 책에 대한 감상을 표현하는 방법이 없는지 항상 고민했어요.

　《첫 문장이 쉬워지는 한 줄 독서록》은 독서록을 처음 쓰는 친구들, 독서록 쓰기가 어렵고 막막한 친구들을 위한 책이에요. 이 책에는 총 30개의 한 줄 독서록이 소개되어 있어요. '생각과 느낌을 풍성하게 하는 30개의 한 줄 문장'이지요. 이 문장들은 꽉 막힌 독서록의 글머리를 톡! 하고 열어 주는 아주 '특별한 비법'이에요.
이 비법으로 먼저 독서록을 써 본 친구들은 저에게 이런 이야기를 해 주었어요.

"독서록 쓰는 게 정말 쉬워졌어요. 매일 쓰는 것도 어렵지 않아요!"

"내 마음대로 골라 쓸 수 있어서 재미있고, 더 잘 쓴 것 같아요."

"나도 이런 생각을 할 수 있다니! 선생님과 친구들에게 보여 주고 싶어요."

어때요? 여러분도 함께해 볼래요?
정말 '한 줄'이면 돼요. 하지만 꾸준히 해야 해요. 여러분의 빛나는 생각을 독서록이라는 보물상자에 한 줄 한 줄 담아 보세요.
이 한 줄을 담고 이어 가다 보면, 책 읽기는 더 깊어지고, 글쓰기는 더 쉬워질 거예요!

유경선

차례

3. 한 줄 독서록 활용법

* 부록

한 줄 독서록 카드

내가 만든 한 줄 독서록 카드

독서록을 쓸 때 궁금한 게 뭐예요? 친구들은 뭘 제일 궁금해할까요?

독서록은 무엇인지, 또 어떻게 써야 하는지

정말 궁금했던 내용들을 함께 살펴보아요.

독서록이 뭘까요?

독서록은
어떤 글이에요?

독서록은 책을 읽고 쓴 기록이에요. 그러니까 독서록을 쓰려면 첫째, 책을 읽어야 하고, 둘째, 책에 대한 생각과 느낌을 기록으로 남겨야 해요.

독서록은 어떻게 기록하느냐에 따라 독후감, 독서 감상화 등 다양한 형태로 나뉘어요. 형태는 달라도 모두 책을 읽고 난 뒤의 감상을 기록한 거예요.

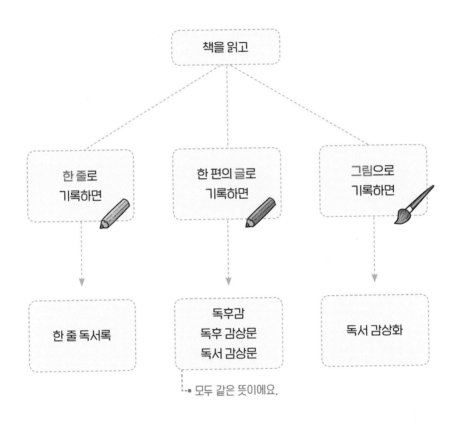

독서록은 책 읽기와 글쓰기를 함께 연습하며 '생각하는 힘'을 기를 수 있는 최고의 방법이에요. 더 잘 읽고 더 잘 쓰기 위한 궁금증을 하나씩 풀어 보아요.

독서,
어떻게 하면 될까요?

    독서록을 쓰기 위해서는 먼저 독서를 해야 해요. 독서를 하면 크게 세 가지 힘을 기를 수 있어요. 첫째는 글을 읽고 의미를 이해하는 문해력, 둘째는 직접 경험하지 않은 것을 마음속에 그리고 새로운 것을 생각해 내는 창의력, 셋째는 글을 쓰는 문장력이지요. 그래서 독서는 중요하고, 꾸준히 해야 해요. 다음 네 가지 방법을 따라 해 보세요. 독서와 친해질 수 있을 거예요.

방법1 시간을 정해 놓고 날마다 목표한 만큼 책을 읽어요.

'남는 시간에 읽어야지.' 하면 자꾸 미루게 돼요. '매일 8시에 20분씩 책을 읽을 거야!' 하고, 구체적인 계획을 세우면 독서 습관을 만드는 데 큰 도움이 돼요.

방법 2 책을 고르기 어렵다면 추천 도서부터 읽어요.

추천 도서 목록, 베스트셀러 목록 등 다른 사람이 추천한 책부터 읽어 보세요. 한 권 한 권 읽다 보면 책을 고르는 눈과 기준이 생길 거예요.

방법 3 관심 가는 작가의 다른 책도 읽어 보아요.

어떤 책이 마음에 들었다면 '작가 소개'를 살펴보세요. 작가가 쓴 다른 책 제목을 알 수 있답니다. 이렇게 한 작가의 다른 책을 읽으면서 독서의 재미를 느껴 보세요.

방법 4 매일 읽은 책을 기록해요.

칸 공책, 독서 통장 등에 읽은 날짜, 시간, 책 제목을 기록해 보세요. 한 주 동안 읽은 책 중에서 가장 마음에 들었던 책을 뽑아 보는 것도 좋아요.

독서록은
왜 써야 해요?

☆ 책을 읽고 기록하면 '완성된 독서'를 할 수 있어요

혹시 읽었던 책 내용을 이야기하려는데 내용이 뒤죽박죽된 적 있나요? 어떤 이야기부터 시작해야 할지 막막했던 적은요? 모두 책을 '제대로' 읽지 않았기 때문에 생기는 일이에요.

그런데 독서록을 쓰면 내가 책을 제대로 읽었는지 정확히 파악할 수 있어요. 또 모르는 것을 알기 위해 다시 책을 찾아 읽거나 생각하는 시간을 갖게 되지요. 이게 바로 제대로 된 독서, 즉 '완성된 독서'예요.

☆ 독서록은 글쓰기 실력을 쌓는 첫걸음이에요

글을 잘 쓰려면 독서와 함께 글 쓰는 경험이 필요해요. 그리고 글쓰기는 매일 습관처럼 꾸준히 해야 효과가 가장 좋지요.

독서록은 독서를 통해 알게 된 다양한 글쓰기 재료로 글을 좀 더 쉽게 쓸 수 있도록 이끌어 줘요. 쉬운 글쓰기는 매일 습관처럼 글을 쓸 수 있게 해 주지요. 이렇게 해서 생긴 글쓰기 습관은 나의 글쓰기 실력을 튼튼하게 쌓을 수 있도록 도와줘요.

독서록은
어떻게 써야 해요?

독서록에는 책에 담긴 '무엇'과 그 무엇에 대한 나의 '생각'을 쓰면 돼요. 표지, 제목, 문장, 장면, 인물, 작가, 정보, 이야기 등이 책에 담긴 무엇이지요. 이중 내 마음에 가장 뚜렷하게 남은 무엇을 찾고, 그것에 대한 생각을 떠올려 보세요. 이때 떠올린 나의 생각을 한 줄로 쓰면 한 줄 독서록, 여러 줄로 쓰면 한 문단 독서록이 되는 거예요.

프란치스카 비어만 작가의 《책 먹는 여우》를 읽고 쓴 '한 줄 독서록'을 볼까요? 책에 담긴 '무엇'에 대한 나의 '생각'을 다양한 방향으로 펼쳤답니다.

무엇	나의 생각
표지	책 표지를 보니 (책을 좋아하는 여우) 이야기가 펼쳐질 것 같아요.
제목	책 제목을 (여우가 책을 꿀꺽!)으로 바꾸고 싶어요.
문장	책에서 가장 기억에 남는 문장은 (책을 끝까지 다 읽고 나면, 소금 한 줌 툭툭, 후추 조금 툭툭 뿌려 꿀꺽 먹어치웠지요.)이에요.
장면	(여우가 책을 먹는) 장면이 가장 인상적이었어요.
인물	주인공이 (책을 직접 쓰기로) 한 것을 칭찬해 주고 싶어요.
작가	작가는 (책 읽기는 재미있다)라고 말하고 싶은 것 같아요.
정보	책을 읽고 나니 (책을 재미있게 읽는 방법)에 대해 더 알고 싶어요.
이야기	다음 이야기가 나온다면 (유명 작가가 된 여우의 뒷) 이야기가 펼쳐졌으면 좋겠어요.

독서록을 쓸 때 생각을 다양하게 펼치는 방법에 대해서는 다음 장에서 자세히 알아보아요.

시작부터 생각이 꽉 막혀 첫 문장 쓰기도 어려웠나요?
시작은 쉽게, 내용은 다양하게 독서록을 쓸 수 있도록 도와주는
마법 같은 '한 줄 독서록'을 만나러 가요.

신기한 한 줄
독서록을 소개해요!

독서록,
이렇게 시작해요

☆ '한 줄'부터 연습해요

독서록을 처음 쓸 때는 '한 줄 독서록'부터 시작해 보세요. 한 줄 독서록은 책에 대한 다양한 감상을 한 문장으로 기록하는 독서록이에요. 한 줄, 한 문장부터 차근차근 꾸준히 연습하면 여러 문장으로 된 독서록도 쉽게 쓸 수 있답니다.

☆ '생각의 방향'을 정해요

'시작이 반이다.'라는 말이 있어요. 독서록을 쓸 때도 마찬가지예요. 일단 글을 쓰기 시작하면 뒷부분은 앞부분보다 쉽게 쓸 때가 많아요. 왜냐하면 시작했다는 건 내가 어떤 글을 쓸지 방향을 정했다는 뜻이거든요.

다음과 같은 독서록을 쓴다고 생각해 보세요.

책을 읽고 떠오르는 생각과 느낌으로 빈칸을 채워 보세요.

이 책을 고른 이유는 _____ 때문이에요.

나도 _____ 했던 경험이 있어요.

빈칸 채우기뿐만 아니라 다음에 이어질 문장도 어렵지 않게 쓸 수 있을 거예요. 글의 방향이 '책을 고른 이유를 내 경험 떠올려 쓰기'로 뚜렷하게 정해졌기 때문이지요.

글의 방향은 아래 예시처럼 다양하게 정할 수 있어요.

· 나와 비교해서 주인공 칭찬하기
· 다음에 이어질 이야기 상상하기
· 작가에게 궁금한 것 물어보기

이제 독서록을 쓸 때는 먼저 내 생각을 어떤 방향으로 펼칠 건지 정해 보세요.

한 줄 독서록으로
생각을 열어요

   독서록을 쓸 때 '~해서 재미있었다'로만 글을 끝내는 친구들이 있어요. 생각을 다양한 방향으로 펼치고 싶어도 어떤 방향이 있는지 잘 모르기 때문이지요.

   그래서 독서록을 쓸 때 다양하게 생각을 열어 주는 한 줄 독서록을 준비했어요. 모두 책을 읽고 생각을 펼칠 수 있는 다양한 독후 활동을 이용해서 만든 문장이에요. '~도 궁금해요', '~에게 이 책을 추천해 주고 싶어요' 등의 한 줄 문장을 골라 쓰다 보면, 내 생각을 보다 새롭고 풍부하게 표현할 수 있을 거예요.

   한 줄 독서록은 '책과 만나요', '주인공을 알아가요', '나와 관련지어요', '작가와 이야기해요', '생각을 말해요', '책을 추천해요'의 6가지 주제로 나뉘어 있어요. 각 주제마다 어떤 내용의 한 줄 독서록이 있는지 알아보세요.

생각을 열어 주는 한 줄 독서록 주제1~2

주제1 책과 만나요

책에 대한 흥미를 높이고 핵심 내용을 찾도록 도와줘요.

1-❶	책 표지를 보니 ＿＿＿＿＿＿＿ 이야기가 펼쳐질 것 같아요.
1-❷	이 책을 고른 이유는 ＿＿＿＿＿＿＿ 때문이에요.
1-❸	이 책은 ＿＿＿＿＿＿＿ 이야기를 담은 책이에요.
1-❹	책에서 가장 기억에 남는 문장은 '＿＿＿＿＿＿＿'이에요.
1-❺	＿＿＿＿＿＿＿ 장면이 가장 인상적이었어요.

주제2 주인공을 알아가요

작가의 생각을 전하는 주인공을 깊게 이해하도록 도와줘요.

2-❶	주인공(은) ＿＿＿＿＿＿＿ (해)요.
2-❷	주인공(은) ＿＿＿(해)서 '＿＿＿'(이)라는 별명을 지어 주고 싶어요.
2-❸	주인공(이) ＿＿＿(한) 것을 칭찬해 주고 싶어요.
2-❹	주인공에게 "＿＿＿＿＿＿＿"라고 물어보고 싶어요.
2-❺	주인공에게 "＿＿＿＿＿＿＿"라고 말해 주고 싶어요.

생각을 열어 주는 한 줄 독서록 주제 3~4

주제3 나와 관련지어요

주인공과 나를 비교해 나를 더 정확히 알 수 있도록 도와줘요.

3-❶	나도 _____ 했던 경험이 있어요.
3-❷	주인공이 _____ (한) 점이 나와 같아요(또는 달라요).
3-❸	주인공(또는 등장인물) _____ 와/과 (내가 아는 사람) _____ 은/는 _____ 점이 닮았어요.
3-❹	나도 주인공처럼 _____ (해 보고) 싶어요.
3-❺	내가 주인공이라면 _____ (했을) 것 같아요.

주제4 작가와 이야기해요

작가의 의도를 찾고, 적극적으로 독서를 할 수 있도록 도와줘요.

4-❶	작가님은 "_____"라고 말하고 싶은 것 같아요.
4-❷	_____ 때문에 작가님을 칭찬해 주고 싶어요.
4-❸	_____ 때문에 작가님에게 '_____ 상'을 주고 싶어요.
4-❹	○○○ 작가님께 "_____"라고 물어보고 싶어요.
4-❺	○○○ 작가님이 쓴 (또 다른 책) 《_____》도 읽고 싶어요.

생각을 열어 주는 한 줄 독서록 주제5~6

주제5 생각을 말해요

다양한 시각에서 책을 볼 수 있도록 도와줘요.

5-❶	책을 읽고 _____ 알게 되었어요.
5-❷	책을 읽고 나니 _____ 에 대해 더 알고 싶어요(또는 ~도 궁금해요).
5-❸	책 제목을 《_____》(으)로 바꾸고 싶어요.
5-❹	다음 이야기가 나온다면 _____ 이야기가 펼쳐졌으면 좋겠어요.
5-❺	이 책을 맛으로 표현한다면 _____ 맛이에요.

주제6 책을 추천해요

책을 깊게 분석하는 힘을 기를 수 있도록 도와줘요.

6-❶	이 책은 _____ 때문에 별 _____ 개를 주고 싶어요. * 최고 별점은 5개로 약속해요.
6-❷	이 책은 _____ (할 때) 읽으면 좋은 책이에요.
6-❸	_____ 때문에 _____ 에게 이 책을 추천해 주고 싶어요.
6-❹	_____ 때문에 _____ 을/를 이 책의 미래 독자에게 선물하고 싶어요.
6-❺	이 책의 광고 문구를 만든다면 '_____'(이)라고 만들래요.

30개의 한 줄 독서록은 내 생각을 어떻게 펼칠지 막연할 때 이용하면 좋아요. 30개 중 하나를 골라 빈칸에 내 생각을 채워 넣으면 독서록이 금방 완성되지요.

생각을 열어 주는 한 줄 독서록 사용법

① 마음에 드는 한 줄 독서록을 골라요.

② 고른 한 줄 독서록이 이끄는 대로 생각해요.

③ 빈칸을 내 생각으로 자유롭게 채워요.

독서록 완성!

이 방법으로 독서록을 꾸준히 쓰다 보면, 읽은 책과 가장 잘 어울리는 한 줄 독서록이 머릿속에 자연스럽게 떠오를 거예요. 또 나만의 새로운 한 줄 독서록도 만들어 낼 수 있지요.

이제 생각을 열어 주는 한 줄 독서록을 하나씩 내 것으로 만들어 볼까요? 읽은 책을 떠올리거나 새롭게 책을 읽으며 한 줄 독서록을 하나씩 완성해 봐요.

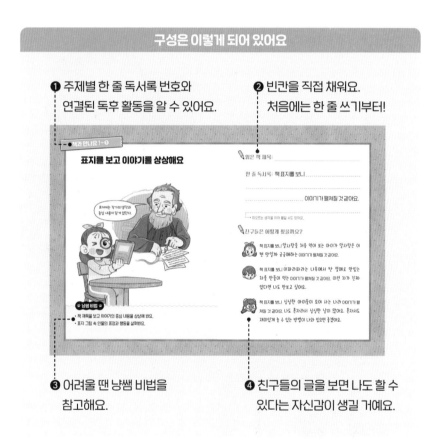

28~87쪽에서는 30개의 한 줄 독서록을 자세히 소개하며, 직접 써 볼 수 있도록 준비했어요. 자, 시작해 볼까요?

표지를 보고 이야기를 상상해요

> 표지에는 작가의 생각과 중심 내용이 담겨 있단다.

🐾 냥쌤 비법 🐾

- 책 제목을 보고 이야기의 중심 내용을 상상해 봐요.
- 표지 그림 속 인물의 표정과 행동을 살펴봐요.

읽은 책 제목: _____

한 줄 독서록: 책 표지를 보니 ·····················

··

···································· **이야기가 펼쳐질 것 같아요.**

···

┆--● 떠오르는 생각을 이어 붙일 수도 있어요.

 친구들은 어떻게 썼을까요?

 책 표지를 보니 알사탕을 처음 먹어 보는 아이가 알사탕은 어떤 맛일까 궁금해하는 이야기가 펼쳐질 것 같아요.

 책 표지를 보니 이파라파라는 나무에서 딴 열매로 맛있는 차를 만들어 먹는 이야기가 펼쳐질 것 같아요. 이런 차가 진짜 있다면 나도 맛보고 싶어요.

 책 표지를 보니 심심한 아이들이 모여 사는 나라 이야기가 펼쳐질 것 같아요. 나도 혼자라서 심심한 날이 많아요. 혼자서도 재미있게 놀 수 있는 방법이 나와 있으면 좋겠어요.

책을 고른 이유를 써 봐요

이 책을 고른 이유는…

독서록 쓰기 비법서

🐾 냥쌤 비법 🐾

- 책의 어떤 부분이 나의 궁금증과 호기심, 읽고 싶은 마음을 불러일으켰는지 생각해 봐요.
- 책을 고를 때는 표지도 중요하지만 차례도 살펴보면 좋아요.

✏️ **읽은 책 제목:** _____

한 줄 독서록: 이 책을 고른 이유는 ------------------

------------------------------------ 때문이에요.

✏️ **친구들은 어떻게 썼을까요?**

 이 책을 고른 이유는 어린이 심사 위원이 뽑은 책이라는 스티커가 붙어 있었기 때문이에요.

 이 책을 고른 이유는 집사라면 꼭 알아야 할 고양이의 마음이 담겨 있다고 소개했기 때문이에요. 나도 어른이 되면 고양이를 키울 예비 집사니까 더 관심이 가요.

 이 책을 고른 이유는 예의 없이 말해서 상처 주는 친구들에게 슬기롭게 말하는 방법을 배우고 싶기 때문이에요. 우리 반에도 예의 없이 말하는 친구가 있어요. 그 친구에게 내 마음을 당당하게 표현하고 싶어요.

책의 주요 내용을 요약해요

🐾 냥쌤 비법 🐾

• 주인공이 등장하는 책을 요약할 때는 주인공의 특징을 소개하며 요약해요.
• 지식 그림책을 요약할 때는 새롭게 알게 된 점이나 작가가 말하는 핵심 내용
  을 생각해 봐요.

✏️ **읽은 책 제목:** _____

한 줄 독서록: 이 책은 ....

....

.... 이야기를 담은 책이에요.

....

✏️ **친구들은 어떻게 썼을까요?**

 이 책은 지하철을 처음 타는 누나 지원이와 동생 병관이의 엉뚱발랄한 지하철 여행 이야기를 담은 책이에요.

 이 책은 우리가 흘려보낸 플라스틱 쓰레기가 결국 우리에게 부메랑처럼 돌아온다는 이야기를 담은 책이에요. 으악! 내가 먹는 음식 속에 미세 플라스틱이 들어 있다니!

 이 책은 책에 소금과 후추를 뿌려 먹는 여우 이야기를 담은 책이에요. 책을 사랑하는 여우 아저씨는 마음껏 책을 먹기 위해 직접 작가가 돼요. 여우 아저씨가 쓴 탐정 소설도 읽어 보고 싶어요.

기억에 남는 문장을 골라요

😺 냥쌤 비법 😺

• 책을 끝까지 읽은 다음, 처음부터 빠르게 책장을 넘기며 내 마음에 유독 와 닿는 문장을 찾아봐요.

• 가장 기억에 남는 문장을 적은 후 내 생각을 덧붙이면 풍성한 독서록이 돼요.

✏️ **읽은 책 제목:** _____

한 줄 독서록: 책에서 가장 기억에 남는 문장은 '- - - - - - - - -

- -

- '이에요.

- -

✏️ **친구들은 어떻게 썼을까요?**

 책에서 가장 기억에 남는 문장은 '나만 빼고 모두 특별해 보인다.'이에요.

 책에서 가장 기억에 남는 문장은 '어떤 말은 간단해도 아주 힘이 셌어.'이에요. 저는 '고마워'라는 말이 간단하지만 아주 힘이 세다고 생각해요.

 책에서 가장 기억에 남는 문장은 '그래, 좋을 때만 친구는 진짜 친구가 아니지.'이에요. 나도 이런 생각을 한 적 있어요. 새 학년이 되면 기쁠 때나 슬플 때나 함께하는 친구를 사귀고 싶어요.

인상적인 장면을 떠올려요

🐾 냥쌤 비법 🐾

- 이런 장면들을 떠올려 봐요.

  예) 가장 집중해서 읽었던 장면, 가장 웃겼던 장면, 눈을 감았을 때 떠오르는 장면,

  가장 신기했던 장면, 가장 화가 났던 장면……

✎ 읽은 책 제목: _____

한 줄 독서록: --

------------------------------ 장면이 가장 인상적이었어요.

✎ 친구들은 어떻게 썼을까요?

 재은이가 걱정 세탁소 사용법을 읽은 뒤, 천천히 심호흡을 하고 고글을 쓰는 장면이 가장 인상적이었어요.

 장수풍뎅이가 나무껍질 사이로 흘러나오는 달콤한 수액을 입으로 핥는 장면이 가장 인상적이었어요. 장수풍뎅이 입이 솔처럼 덥수룩하게 생긴지 처음 알았어요.

 주인공 덕지가 냉탕에서 신나게 노는 장면이 가장 인상적이었어요. 나는 목욕탕에서 냉탕에 들어간 적은 한 번도 없어요. 다음에는 나도 얼음처럼 차가운 냉탕에서 덕지처럼 신나게 놀아 볼 거예요!

주인공의 특징을 찾아 소개해요

🐾 냥쌤 비법 🐾

• 단순히 '주인공은 착해요.', '주인공은 욕심이 많아요.'가 아니라, 왜 그렇게
  생각했는지 주인공의 말이나 행동을 함께 쓰는 것이 좋아요.

읽은 책 제목: _____

한 줄 독서록: 주인공(은) ··

··

·· (해)요.

··

 친구들은 어떻게 썼을까요?

 주인공은 망설이지 않고 달려가 도움의 손길을 내미는 것으로 보아 따뜻한 마음씨를 가졌어요.

 주인공 꼬리꽃은 성격 고약하기로 소문난 호랑이를 보고 "누렁이, 넌 누구냐?"라고 외치는 것으로 보아 당당하고 자신감이 넘쳐요. 당찬 꼬리꽃의 매력에 흠뻑 빠졌어요.

 주인공 태우는 "미안하다면 다냐? 너 때문에 우리가 진 거라고!"라고 말하는 것으로 보아 자기밖에 몰라요. 이 책을 이기적인 친구에게 추천해 주고 싶어요. 자신의 행동을 돌아보고 친구 입장도 생각해 주면 좋겠어요.

주인공의 별명을 지어요

순둥이

주인공

🐾 냥쌤 비법 🐾

• 주인공의 말과 행동을 잘 살피면 주인공에게 찰떡같이 어울리는 별명을 지을 수 있어요.

✏️ 읽은 책 제목: _____

한 줄 독서록: 주인공(은) ----------------------------------

--- (해)서

' ------------------'(이)라는 별명을 지어 주고 싶어요.

✏️ 친구들은 어떻게 썼을까요?

 주인공은 궁금한 것을 그냥 지나치지 못해서 '호기심 박사'라는 별명을 지어 주고 싶어요.

 주인공 웬델은 자기가 하고 싶은 대로만 하고, 뭐든지 자기 마음대로 다 정해서 '제멋대로! 심술쟁이 웬델'이라는 별명을 지어 주고 싶어요. 심술쟁이와는 친구하고 싶지 않아요.

 주인공 깜냥은 새침하고 도도한 척하지만, 숨길 수 없는 다정함과 사랑스러움을 가지고 있어서 '매력 만점 천의 얼굴 냥이'라는 별명을 지어 주고 싶어요. 띠지에 적힌 '누가 깜냥을 사랑하지 않을 수 있을까?'라는 글이 정말 공감돼요.

주인공을 칭찬해요

나도 주인공처럼 새로운 것에 도전해 볼 테야!

도전을 칭찬해!

🐾 냥쌤 비법 🐾

- 주인공의 말과 행동을 자세하게 표현해 봐요.
- 주인공에게서 닮고 싶은 점이나 배우고 싶은 점을 덧붙이면 더 멋진 글이 돼요.

읽은 책 제목: _____

한 줄 독서록: 주인공(이)···

···

······························· (한) 것을 칭찬해 주고 싶어요.

···

 친구들은 어떻게 썼을까요?

 주인공이 친구의 비밀을 끝까지 지켜 준 것을 칭찬해 주고 싶어요.

 주인공 메리가 가파른 절벽과 험한 산을 오르며 뼈와 화석 을 찾아낸 것을 칭찬해 주고 싶어요. 메리가 아니었다면 땅속 에 묻힌 비밀들을 영원히 알 수 없었을지도 몰라요.

 주인공이 "겁나. 그래도 한번 해 볼 테야."라고 말하고 날기 에 도전한 것을 칭찬해 주고 싶어요. 나는 새로운 것을 시작하는 것이 두려워요. 그래서 주인공의 용기가 부러워요!

주인공에게 궁금한 것을 물어봐요

🐾 냥쌤 비법 🐾

• 나라면 어떻게 답했을지 덧붙이면 내 생각을 더욱 분명하게 정리할 수 있어요.

✏️ 읽은 책 제목: _____

한 줄 독서록: 주인공에게 " -

- -

- "라고 물어보고 싶어요.

- -

✏️ 친구들은 어떻게 썼을까요?

 주인공에게 "다시 알사탕을 먹게 된다면 이번에는 누구 속마음을 알고 싶어?"라고 물어보고 싶어요.

 주인공에게 "키오스크에 끼인 채로 바다를 떠다닐 때 기분이 어땠어?"라고 물어보고 싶어요. 나라면 겁나고 무서웠을 텐데 편안하고 행복한 표정이라 신기했어요.

 주인공에게 "또다시 초능력이 생긴다면 이번에는 어떤 능력을 가지고 싶어?"라고 물어보고 싶어요. 나는 시간을 조절하는 초능력을 가지고 싶어요. 수업 시간이 10분, 쉬는 시간이 40분이라면 얼마나 좋을까요?

주인공에게 하고 싶은 말을 써요

🐾 냥쌤 비법 🐾

- 주인공이 지금 어떤 상황에 놓여 있는지 떠올려 봐요.
- 내가 만약 주인공이라면 어떤 마음이 들지 생각해 봐요.

✏️ **읽은 책 제목:** _____

한 줄 독서록: 주인공에게 " -

- -

- "라고 말해 주고 싶어요.

- -

✏️ **친구들은 어떻게 썼을까요?**

 주인공에게 "나도 너처럼 친한 친구가 새로운 친구랑 놀아서 서운했던 적이 있어."라고 말해 주고 싶어요.

 주인공에게 "몸집은 작지만 언제나 씩씩한 완두야, 있는 그 대로의 네 모습이 참 멋져!"라고 말해 주고 싶어요. 완두가 자 신에게 꼭 맞는 직업을 찾은 것을 축하해요.

 주인공에게 "넌 이제 실수 왕이 아니라, 도전 왕이야!"라고 말해 주고 싶어요. 나도 도시오처럼 실수를 자주 해서 더 공감 하며 책을 읽었어요. 세상 모든 실수 왕에게 "실수해도 괜 찮아."라고 말해 주신 작가님, 감사합니다!

나의 경험과 관련지어요

나도 그런데...

🐾 냥쌤 비법 🐾

• 주인공과 같은 일을 겪었거나 같은 감정을 느낀 기억을 떠올려 봐요.

• 같은 경험을 주인공은 어떻게 다루었는지 나의 경우와 비교해서 글을 덧붙일 수 있어요.

읽은 책 제목: _____

한 줄 독서록: 나도 ....

....

.... **했던 경험이 있어요.**

....

 친구들은 어떻게 썼을까요?

 나도 학교 오는 길에 줄지어 가는 개미 떼를 만나서 한참 관찰했던 경험이 있어요.

 나도 친구가 땅꼬마라고 불러서 속상했던 경험이 있어요. 그때 는 화가 나도 아무 말도 못 했지만, 다음에는 주인공처럼 "나는 천천히 크는 거야."라고 말할 거예요.

 나도 발표할 때 심장은 쿵쾅쿵쾅하고, 눈앞은 캄캄했던 경험 이 있어요. 이 책을 여러 사람 앞에서 말하는 것을 두려워하 는 친구에게 추천해 주고 싶어요. 누구나 다 그런 경험이 있 다고 말해 주고 싶거든요.

나와 주인공을 비교해요

같은 건….
다른 건….

🐾 냥쌤 비법 🐾

- 주인공과 내가 어떤 점이 같고, 다른지 비교해 봐요.

  예) 좋아하는 것과 싫어하는 것은? 성격은? 경험은? 생각은?……

✏️ **읽은 책 제목:** _____

한 줄 독서록: 주인공이 ------------------------------

------------------- **(한) 점이 나와 같아요(또는 달라요).**

✏️ **친구들은 어떻게 썼을까요?**

 주인공이 얌체같이 행동하는 어른들에게 불만이 있는 점이 나와 같아요.

 주인공이 피아노 치는 것을 싫어하는 점이 나와 달라요. 나는 피아노 치는 것을 정말 좋아해요.

 주인공이 반려동물을 키우고 싶어서 부모님을 설득한 점이 나와 같아요. 하지만 주인공은 강아지를 키우고 싶어 하고, 나는 고양이를 키우고 싶어 한다는 점이 달라요. 왜 부모님들은 반려동물 키우는 걸 반대할까요?

주변에서 닮은꼴을 찾아요

생김새가
닮았어!

말투가
비슷한걸.

사는 곳이
같네.

🐾 낭쌤 비법 🐾

- 등장인물과 나의 주변 사람이 어떤 점이 닮았는지 생각해 봐요.

  예) 매력은? 처한 환경은? 말과 행동은? 생김새는?……

읽은 책 제목: _____

한 줄 독서록: 주인공(또는 등장인물) .... 와/과

(내가 아는 사람) .... 은/는

_____ 점이 닮았어요.

_____

 친구들은 어떻게 썼을까요?

 주인공 구름이와 내 동생 서하는 엄마 껌딱지인 점이 닮았어요.

 주인공 선이와 내 친구 도윤이는 꼼꼼하고 계획적인 점이 닮았어요. 두 사람은 성격이 비슷한 것 같아요.

 등장인물 은이 아빠와 우리 아빠는 놀아달라고 하면 "그래, 그래, 나중에……."라고 말하는 점이 닮았어요. 맨날 늦게 들어오고, 쉬는 날에는 소파에 누워 스마트폰만 보는 모습도 똑같아요.

희망 사항을 말해요

🐾 냥쌤 비법 🐾

- '나에게도 이런 일이 펼쳐진다면 얼마나 좋을까?'를 생각해 봐요.
- 주인공이 경험한 것 중 신기하고 재미있어 보였던 것을 떠올려 봐요.

읽은 책 제목: _____

한 줄 독서록: 나도 주인공처럼 ....

.... (해 보고) 싶어요.

 친구들은 어떻게 썼을까요?

 나도 주인공처럼 나무 집을 짓고, 레모네이드 분수를 만들어서 마음껏 레모네이드를 먹고 싶어요.

 나도 주인공처럼 바다낚시를 해 보고 싶어요. 짜릿한 손맛도 느끼고, 직접 잡은 물고기로 요리도 해 보고 싶거든요.

 나도 주인공처럼 가족과 함께 캠핑카를 타고 이곳저곳을 여행하고 싶어요. 우리 가족은 캠핑을 간 적이 한 번도 없어요. 숲속에서 모닥불을 피우고, 마시멜로를 구워 먹는 게 부러워요.

주인공이 되어 봐요

🐾 냥쌤 비법 🐾

- '주인공은 ~했지만 나라면 ~했을 것 같다'처럼 주인공과 나를 비교해서 생각해 봐요.
- 그렇게 생각한 이유도 함께 덧붙이면 내 생각이 또렷한 글이 돼요.

✏️ 읽은 책 제목: ....

한 줄 독서록: 내가 주인공이라면 ----------------------------

-- (했을) 것 같아요.

✏️ 친구들은 어떻게 썼을까요?

 내가 주인공이라면 혼자서만 끙끙대지 않고 편지를 써서 솔직한 마음을 전했을 것 같아요.

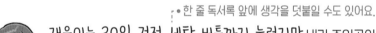 ┌•한 줄 독서록 앞에 생각을 덧붙일 수도 있어요.

 재은이는 30일 걱정 세탁 버튼까지 눌렀지만 내가 주인공이라면 1시간 걱정 세탁 버튼만 이용했을 것 같아요. 가끔은 걱정하는 마음도 필요하니까요.

 내가 주인공이라면 엄마가 집을 나가기 전에 엄마에게 집안일 쿠폰을 만들어 드렸을 것 같아요. 왜냐하면 엄마가 쿠폰을 쓰면 가족들은 언제 엄마가 힘든지, 도움이 필요한지 알 수 있으니까요.

작가가 하고 싶은 말을 찾아요

내가 하고 싶은 말은…

🐾 냥쌤 비법 🐾

• 작가의 입장에서 생각해 봐요.

• 책 속 단서(제목, 등장인물의 말과 행동, 상황, 사건, 결말 등)에서 작가의 의
도를 찾아봐요.

✏️ **읽은 책 제목:** _____

한 줄 독서록: 작가님은 "···

···

·····································" 라고 말하고 싶은 것 같아요.**

···

✏️ **친구들은 어떻게 썼을까요?**

 작가님은 "키가 작다고 마음도 작은 게 아니야."라고 말하고 싶은 것 같아요.

 작가님은 "인생의 행운과 불행을 담담히 받아들여라."라고 말하고 싶은 것 같아요. 오늘의 불행이 내일의 행복이 될 수도 있으니까요.

 작가님은 "환경을 보호하자."라고 말하고 싶은 것 같아요. 지구 온난화로 가라앉는 섬 때문에 고양이와 헤어지고 살던 곳까지 떠나야 한다니 정말 안타까워요.

작가를 칭찬해요

🐾 냥쌤 비법 🐾

- 책을 읽고 느낀 좋았던 감정들을 떠올리면서 그 이유를 생각해 봐요.
- 책 소개 글이나 추천 글 등을 참고하면 칭찬 아이디어를 얻을 수 있어요.
- 글 작가와 그림 작가를 구분해서 생각해 봐요.

✏️ 읽은 책 제목: _____

한 줄 독서록: ···

··

······································· 때문에 작가님을 칭찬해 주고 싶어요.

··

✏️ 친구들은 어떻게 썼을까요?

 우리 몸에 관한 궁금증을 재미있는 질문과 함께 풀어 갔기
때문에 작가님을 칭찬해 주고 싶어요.

 조개껍데기, 천, 말린 꽃잎 등 다양한 재료를 이용해 장면
을 표현했기 때문에 작가님을 칭찬해 주고 싶어요. 어쩜 이렇게
꾸밀 생각을 했을까요?

 우리가 흔히 쓰는 말이 어디에서 왔는지 재미있는 만화와
이야기로 설명했기 때문에 작가님을 칭찬해 주고 싶어요. '부랴
부랴'는 '불이야, 불이야'가 줄어서 생긴 말이래요. 작가님
덕분에 우리말 지식도 쌓을 수 있었어요.

작가에게 특별한 상을 줘요

🐾 냥쌤 비법 🐾

- 상을 주는 이유를 알 수 있게 상 이름을 지으면 좋아요.
- 이런 상도 있어요. 왜 이런 이름을 붙였는지 생각해 봐요.

  예) 어린이 마음 공감 상, 알기 쉽게 술술 상, 웃음 폭탄 상, 한 편의 영화 상……

✏️ **읽은 책 제목:** _____

✏️ **한 줄 독서록:** ···

···때문에

작가님에게 ' ···························· **상'을 주고 싶어요.**

···

✏️ **친구들은 어떻게 썼을까요?**

 장애를 가진 아이의 마음을 따뜻하게 어루만지는 글을 썼기 때문에 작가님에게 '마음 난로 상'을 주고 싶어요.

 똑똑 녹아내린 달로 샤베트를 만든다는 상상이 놀라웠기 때문에 작가님에게 '상상력이 보름달 상'을 주고 싶어요. 여름이 되면 생각날 것 같아요.

 신비한 떡집 이야기가 재미있어서 오래오래 사랑 받으면 좋겠기 때문에 작가님에게 '백 년 동안 베스트셀러 상'을 주고 싶어요. 작가님은 재미있는 이야기가 몽글몽글 떠오르는 무지개 떡을 매일 드시나 봐요. 다음 이야기도 당장 찾아볼 거예요.

작가에게 궁금한 것을 물어봐요

🐾 냥쌤 비법 🐾

• 작가를 인터뷰하는 기자가 되었다고 생각하고 궁금한 것을 떠올려 봐요.
• 예상하는 답이나 나의 생각을 덧붙이면 더욱 훌륭한 글이 돼요.

✏️ 읽은 책 제목: _____

✏️ 한 줄 독서록: ○○○ 작가님께 " - - - - - - - - - - - - - - - - -

- -

- "라고 물어보고 싶어요.

- - - - - - - - - - - - - - - - -

✏️ 친구들은 어떻게 썼을까요?

 백희나 작가님께 "작가님은 엄청 많은 책을 쓰셨는데, 제일 아끼는 보물 1호 책은 무엇인가요?"라고 물어보고 싶어요.

 이지은 작가님께 "작가님은 어렸을 때 어떤 아이였나요?"라고 물어보고 싶어요. 작가님은 책을 좋아하고 그림 그리는 게 취미인 아이였을 것 같아요.

 김지영 작가님께 "《내 마음 ㅅㅅㅎ》《내 친구 ㅇㅅㅎ》에 이어 다음 이야기도 계획하고 계신가요?"라고 물어보고 싶어요. 다음 책 제목은 《우리 반 ㅎㅇㅎ》이라고 하면 좋을 것 같아요. 우리 반 학예회! 우리 반 혈액형! 벌써부터 기대돼요!

작가의 또 다른 책을 찾아봐요

글 지은이

아하, 이런 책도 쓰셨구나. 다음에는 이 책도 읽어 봐야지.

🐾 냥쌤 비법 🐾

- 책에서 '작가 소개'를 보면 글 작가나 그림 작가의 또 다른 작품 이름을 확인할 수 있어요.
- 온라인 서점에서 작가 이름을 검색해 봐요.

✏️ 읽은 책 제목: _____

한 줄 독서록: ○○○ 작가님이 쓴 (또 다른 책) 《_ _ _ _ _

_____ 》도 읽고 싶어요.

_____

_____

✏️ 친구들은 어떻게 썼을까요?

 홍민정 작가님이 쓴 《낭만 강아지 봉봉》도 읽고 싶어요.

 천효정 작가님이 쓴 《콩이네 옆집이 수상하다!》도 읽고 싶어요. 《건방이의 건방진 수련기》를 읽고 작가님의 팬이 되었거든요.

 윌리엄 스타이그 작가님이 쓴 《멋진 뼈다귀》도 읽고 싶어요. 작가님의 책에는 엉뚱한 상상과 재미있는 인물들이 가득해요! 멋진 뼈다귀는 과연 어떤 뼈다귀일까요?

67

알게 된 것을 정리해요

🐾 냥쌤 비법 🐾

• 대표 단어만 쓰지 말고, 알게 된 사실을 자세하게 쓰면 더 좋아요.

예) ┌ 축제에 대해 알게 되었어요. (×)

└ 세계 여러 나라의 전통 축제에 대해 알게 되었어요. (○)

읽은 책 제목: ....

한 줄 독서록: 책을 읽고 --

-- 알게 되었어요.

친구들은 어떻게 썼을까요?

 책을 읽고 인간 대신 우주에 먼저 간 우주개가 있다는 것을 알게 되었어요.

 책을 읽고 칭찬이 가진 힘이 얼마나 큰지 알게 되었어요. 칭찬을 받는 것도 좋지만 나도 주변 사람들에게 칭찬을 많이 해 줘야겠어요.

 책을 읽고 인도에는 갖가지 색 가루와 물을 서로에게 뿌리는 홀리 축제가 있다는 걸 알게 되었어요. 색 가루나 물감을 뒤집어쓴 사람들이 사원과 거리를 형형색색으로 물들여서 '색채의 축제'라고도 불린대요.

더 알고 싶은 것을 떠올려요

🐾 냥쌤 비법 🐾

- 책의 주제와 관련하여 더 알고 싶은 것, 궁금한 것을 떠올려 봐요.
- 책의 주제에 관심을 갖고 더 넓게, 더 깊게 생각해 봐요.

읽은 책 제목: _____

한 줄 독서록: 책을 읽고 나니 ·························

···

············· 에 대해 더 알고 싶어요(또는 ~도 궁금해요).

···

 친구들은 어떻게 썼을까요?

 책을 읽고 나니 독이 있는 동물에 대해 더 알고 싶어요.

 책을 읽고 나니 다른 나라의 옛이야기도 궁금해요. 어느 나라 옛날 옛적 이야기가 제일 재미있는지 비교해 보고 싶어요.

 책을 읽고 나니 미래의 유망 직업에 대해 더 알고 싶어요. 이 책 에서는 인공 지능 시대에 대해 알려 주고 있어요. 인공 지능 시대에도 끄떡없는 미래 직업에는 무엇이 있을지 궁금해요.

책 제목을 바꿔요

호랑이 형님과 나무꾼 아우

🐾 냥쌤 비법 🐾

• 꾸미는 말을 추가하거나 일부만 다른 말로 바꿔도 괜찮아요.

예) 알사탕 → <u>신기한 마법</u> 알사탕,   농부 달력 → 농부<u>의 사계절</u>

읽은 책 제목: ....

한 줄 독서록: 책 제목을 《..

....................................》(으)로 바꾸고 싶어요.

....

....

 친구들은 어떻게 썼을까요?

 읽은 책 제목: 진짜 어린이 마음 사전

책 제목을 《진짜 어린이 속마음》으로 바꾸고 싶어요.

 읽은 책 제목: 책 먹는 여우

책 제목을 《여우가 책을 꿀꺽!》으로 바꾸고 싶어요. '꿀꺽'이라
는 단어가 들어가면 책을 먹는 느낌이 더 생생하게 나니까요.

 읽은 책 제목: 이게 정말 나일까?

책 제목을 《가짜 나 작전》으로 바꾸고 싶어요. 주인공이 하기
싫은 것을 로봇에게 몽땅 시키려고 '가짜 나 작전'을 계획
했기 때문이에요.

다음 이야기를 상상해요

🐾 냥쌤 비법 🐾

• 인물, 사건, 배경 등 어떤 것을 변화시키느냐에 따라 여러 갈래로 상상을 펼칠 수 있어요.

✏️ **읽은 책 제목:** _____

한 줄 독서록: 다음 이야기가 나온다면 ┄┄┄┄┄┄┄┄┄┄┄┄

┄┄┄┄┄┄┄┄┄┄┄┄┄┄┄┄┄┄┄┄┄┄

┄┄┄┄┄┄┄┄┄┄┄┄┄┄ **이야기가 펼쳐졌으면 좋겠어요.**

┄┄┄┄┄┄┄┄┄┄┄┄┄┄┄┄┄┄┄┄┄┄

✏️ **친구들은 어떻게 썼을까요?**

 다음 이야기가 나온다면 와니니 무리가 하이에나 마을을 습격하는 이야기가 펼쳐졌으면 좋겠어요.

 다음 이야기가 나온다면 겨울의 눈썰매장이 아닌 여름의 워터파크에서 신나게 노는 이야기가 펼쳐졌으면 좋겠어요. 나는 겨울보다 여름이 더 좋아요!

 다음 이야기가 나온다면 탐정을 꿈꾸는 새로운 아이가 등장해서 주인공 건이와 명탐정 대결을 하는 이야기가 펼쳐졌으면 좋겠어요. 사건 해결을 방해하는 경쟁자가 등장한다면 더 흥미진진한 이야기가 될 것 같아요.

읽은 느낌을 맛으로 표현해요

아껴 먹고 싶은 맛

피노키오의 모험

궁금한 맛

또 읽고 싶은 맛

🐾 냥쌤 비법 🐾

• 이런 맛 표현은 어때요?

예) 웃음이 나는 맛, 함께 읽고 싶은 맛, 별 한 개도 아까운 맛, 하품이 나는 맛, 눈물 나는 맛, 마음이 따뜻해지는 맛……

읽은 책 제목: _____

한 줄 독서록: 이 책을 맛으로 표현한다면 - - - - - - - - - - -

- -

- 맛이에요.

- -

 친구들은 어떻게 썼을까요?

 이 책을 맛으로 표현한다면 유쾌하고 통쾌하고 시원한 맛이에요.

 이 책을 맛으로 표현한다면 내 입맛엔 별로인 맛이에요. 추천 도서 라고 쓰여 있지만 저는 어려워서 이해가 잘되지 않았어요.

 이 책을 맛으로 표현한다면 먹기 전과 먹은 후가 다른 맛이에요. 왜냐하면 읽기 전에는 큰 기대가 없었는데, 읽고 나니 다른 친구에게도 추천해 주고 싶을 만큼 너무 재미있었거든요.

별점으로 한 줄 서평을 해요

글이 없어서
별 1개를 주었어요.

재미와 감동이
모두 있어서
별 5개를 주었어요.

냥쌤 비법

• 별점을 더하는 이유, 빼는 이유를 생각하며 나만의 별점을 매겨 봐요.

┌ 별점 더하기: 책의 장점, 매력, 추천하고 싶은 이유 떠올리기
└ 별점 빼기: 책의 단점, 아쉬운 점, 보완하고 싶은 점 떠올리기

읽은 책 제목: ....

한 줄 독서록: 이 책은 ---

------------------------------------- 때문에 별 .... 개를 주고 싶어요.

----

* 최고 별점은 5개로 약속해요.

 친구들은 어떻게 썼을까요?

 이 책은 호기심 가득한 아이의 질문은 흥미롭지만 공감이 안 되는 대답들이 있기 때문에 별 3개를 주고 싶어요.

 이 책은 그림이 영화처럼 신비롭고 아름답지만 글이 없는 점이 아쉽기 때문에 별 4개를 주고 싶어요. 상상하면서 보는 것도 좋지만 저는 글이 있는 것이 더 좋아요.

 이 책은 똥에 관한 재미와 지식을 동시에 주기 때문에 별 5개를 주고 싶어요. 배꼽 빠지게 웃으며 술술 읽다 보면 똥과 소화 기관에 대해 많은 것을 알게 돼요. 강력 추천해요.

언제 읽으면 좋은지 생각해요

지친 하루를
이겨 내는 힘

😺 냥쌤 비법 🐾

• 어떤 마음이 들 때 또는 어떤 내용이 궁금할 때 다시 읽고 싶은 책인지 떠올려 봐요.

읽은 책 제목: _____

한 줄 독서록: 이 책은 -

- -

- - - - - - - - - - - - - - - - - - - (할 때) 읽으면 좋은 책이에요.

- -

 친구들은 어떻게 썼을까요?

 이 책은 지친 하루, 응원이 필요한 날에 읽으면 좋은 책이에요.

 이 책은 속담에 담긴 뜻이 궁금할 때 읽으면 좋은 책이에요. 이 책을 읽고 '고래 싸움에 새우 등 터진다.'라는 속담을 처음 알았어요.

 이 책은 왜 띄어쓰기해야 하는지 잘 모를 때 읽으면 좋은 책이에요. '엄마가 방에 들어가신다.', '엄마 가방에 들어가신다.' 등 띄어쓰기를 제대로 하지 않아서 벌어지는 상황이 재미있게 표현되어 있어요.

○○에게 책을 추천해요

😺 냥쌤 비법 😺

• 책을 추천하고 싶은 사람은 내가 아는 사람일 수도 있고 아닐 수도 있어요.

예) ┌ 내가 아는 사람에게 추천하는 경우: 축구를 좋아하는 <u>내 동생</u>
    └ 내가 모르는 사람에게 추천하는 경우: 축구를 좋아하는 <u>초등학생</u>

✏️ 읽은 책 제목: _____

한 줄 독서록: _____
_____ 때문에
_____ 에게 이 책을 추천해 주고 싶어요.
_____

✏️ 친구들은 어떻게 썼을까요?

 내 동생도 주인공처럼 친구 사귀기를 힘들어하기 때문에 내 동생에게 이 책을 추천해 주고 싶어요.

 아빠는 캠핑 요리에 관심이 많기 때문에 우리 아빠에게 이 책을 추천해 주고 싶어요. 아빠가 이 책을 읽고 캠핑 가서 맛 있는 음식을 많이 해 주면 좋겠어요.

 축구 잘하는 비법을 자세하게 소개했기 때문에 축구 선수가 꿈인 친구들에게 이 책을 추천해 주고 싶어요. 우리 반 친구들도 축 구를 좋아해요. 이 책을 함께 읽고 다 같이 실력을 키우면 좋겠어요.

미래의 독자에게 선물해요

🐾 냥쌤 비법 🐾

- 내가 받고 싶은 것을 떠올리면 더 쉽게 쓸 수 있어요.
- 선물은 눈에 보이는 물건도 좋고, 마음과 같이 눈에 보이지 않는 것도 좋아요.

84

읽은 책 제목: _____

한 줄 독서록: ·······································

··· 때문에

·········· 을/를 이 책의 미래 독자에게 선물하고 싶어요.

···

 친구들은 어떻게 썼을까요?

 이 책을 읽으면 알게 된 역사 상식을 테스트해 보고 싶어지기 때문에 한국사 퀴즈 책을 이 책의 미래 독자에게 선물하고 싶어요.

 이 책은 걱정이 많은 친구들이 읽을 것 같기 때문에 걱정 인형을 이 책의 미래 독자에게 선물하고 싶어요. 나도 친구에게 걱정 인형을 선물 받은 적이 있어요.

 이 책을 읽으면 종이비행기 접기에 도전하고 싶어지기 때문에 무늬 색종이를 이 책의 미래 독자에게 선물하고 싶어요. 다양한 무늬가 있는 색종이로 비행기를 접으면 멋진 비행기를 만들 수 있으니까요.

광고 문구를 만들어요

🐾 냥쌤 비법 🐾

• 이 책을 꼭 읽고 싶은 마음이 들도록 문구를 만들어 봐요.
• 온라인 서점의 책 소개 광고를 참고해도 괜찮아요.

읽은 책 제목: _____

한 줄 독서록: 이 책의 광고 문구를 만든다면 ‘ - - - - - - - - - - -

- -

- ’(이)라고 만들래요.

- -

 친구들은 어떻게 썼을까요?

 이 책의 광고 문구를 만든다면 ‘고구마구마, 처음부터 끝까지 웃음이 가득한 책! 정말 재밌구마!’라고 만들래요.

 이 책의 광고 문구를 만든다면 ‘깜깜한 밤, 아무도 없는 학교에서 가슴 졸이는 모험이 시작된다!’라고 만들래요. 책을 읽는 동안 내가 모험의 주인공이 된 것 같았어요.

 이 책의 광고 문구를 만든다면 ‘슬기로운 1학년 학교생활, 초등학교 입학을 앞둔 어린이들이 꼭 읽어야 할 책!’이라고 만들래요. 1학년 학교생활의 모든 것이 담겨 있어서 입학을 앞둔 친구들에게 선물하면 좋겠어요.

한 줄 독서록을 잘 활용하면
글쓰기 실력을 좀 더 효과적으로 기를 수 있어요.
또 여러 줄로 된 독서록, 다양한 유형의 독서록도 쉽게 쓸 수 있지요.

한 줄 독서록
활용법

글쓰기 실력을
키울 수 있어요

30개의 한 줄 독서록을 이용해서 독서록을 쓸 때 글쓰기 실력을 쑥쑥 키우고 싶다면 다음 세 가지를 꼭 해 보세요.

첫째, 내가 직접 골라요.

내 생각을 담는 독서록이니까 내가 직접 문장을 선택하도록 해요. 책마다 나의 생각을 퐁퐁 샘솟게 하는 한 줄 독서록이 따로 있거든요. 책을 읽고 '쉽게 생각을 떠올릴 수 있겠어!' 하는 한 줄 독서록을 골라 독서록을 꾸준히 쓰면 글쓰기 실력을 키울 수 있어요.

둘째, 편식하지 않아요.

매일 같은 한 줄 독서록만 선택하면 글쓰기에 필요한 영양소를 골고루 얻을 수 없어요. 매번 좋아하는 것만 선택하지 말고 다양하게, 골고루 선택하도록 해요.

셋째, 어려운 한 줄 독서록에도 도전해요.

때로는 빈칸을 채울 생각이 바로 떠오르지 않는 어려운 한 줄 독서록에도 도전해 봐요. '뭐라고 쓸까?' 고민하는 동안 생각하는 힘과 글쓰기 실력이 더욱 강해지거든요.

한 줄 독서록 하나로
여러 줄을 써요

한 줄 독서록 쓰기가 익숙해지면 '자연스럽게 떠오르는 생각'을 덧붙여 보세요. 금세 여러 줄로 된 독서록을 쓸 수 있어요.

'1-⑤ ....장면이 가장 인상적이었어요.'를 골라 독서록을 쓴다고 생각해 볼까요? 한 줄을 완성하고 떠오르는 생각을 이어 붙이면 아래처럼 두 줄을 쓰는 것도 어렵지 않을 거예요.

> 1-⑤ 냇가에서 장수잠자리를 잡는 장면이 가장 인상적이었어요.
> 생각 나도 오빠랑 공원에서 잠자리를 잡아 본 적이 있어요.

같은 책을 읽고 같은 한 줄 독서록을 선택했더라도 각자의 경험과 마음에 따라 이어지는 문장은 다를 수 있어요. 그래서 같은 한 줄 독서록을 골랐더라도 다른 독서록이 되지요.

냇가에서 장수잠자리를 잡는 장면이 가장 인상적이었어요.

나도 냇가에서
잠자리를 잡고 싶어요.

장수잠자리는 어떻게
생겼을지 궁금해요.

떠오르는 생각이 꼬리에 꼬리를 물고 이어지면 아래처럼 문장을 계속 붙일 수도 있어요.

1-❺ 냇가에서 장수잠자리를 잡는 장면이 가장 인상적이었어요.

생각 나도 냇가에서 잠자리를 잡고 싶어요.

생각 여름 방학에 이런 경험을 하다니 주인공이 부러워요.

어때요? 금방 여러 줄을 완성할 수 있겠죠? 2장에서 소개한 친구들의 예시 글을 다시 찾아보세요. 한 줄이 두 줄, 세 줄로 어떻게 늘어나는지 다양하게 확인할 수 있어요.

한 줄 독서록을 연결해서
여러 줄을 써요

한 줄 독서록을 여러 개 골라 이어 붙여서 독서록을 쓰는 방법도 있어요. 이때 주의할 건 서로 '어울리는 한 줄 독서록'을 선택해야 한다는 거예요. 그래야 글의 연결이 자연스럽고 내용도 잘 전달되지요.

어울리는 한 줄 독서록이란,
내 생각을 자연스럽게 연결해 줄 수 있는 한 줄 독서록을 말해요.

어울리는 한 줄 독서록을 고르기 어렵다면 같은 주제로 묶여 있는 것 중에서 찾아보세요. '책과 만나요', '주인공을 알아가요'…… 등 같은 주제로 묶여 있는 한 줄 독서록 중에서 자연스럽게 연결될 수 있는 것을 고르는 거죠.

예를 들어 볼게요. '책과 만나요'라는 첫 번째 주제에서 다음과 같이 한 줄 독서록 3개를 골랐어요.

1-❸	이 책은 ＿＿＿＿＿＿ 이야기를 담은 책이에요.
1-❷	이 책을 고른 이유는 ＿＿＿＿＿＿ 때문이에요.
1-❹	책에서 가장 기억에 남는 문장은 '＿＿＿＿＿＿'이에요.

그런 다음 고른 한 줄 독서록을 이용해서 박성우 작가가 쓴 《아홉 살 마음 사전》을 읽고 독서록을 쓴다면 이렇게 쓸 수 있을 거예요.

> **1-③** 이 책은 마음을 표현하는 단어들을 알려 주는 책이에요.
>
> 내용에 맞게 한 줄 독서록의 일부를 바꿔도 돼요.
>
> **1-②** 이 책을 고른 이유는 진짜 아홉 살인 내 마음이 얼마나 담겨 있을지 궁금했기 때문이에요.
>
> **1-④** 책에서 가장 기억에 남는 문장은 '달콤해. 학원에도 가지 않고 공부도 하지 않고 푹 쉬었어.'이에요.

한 주제 안에서 어울리는 한 줄 독서록 찾기가 익숙해지면 다른 주제에서도 찾아보세요.

한 줄 독서록 여러 개에
내 생각을 덧붙여요

어울리는 한 줄 독서록과 떠오르는 생각들을 연결하면 내용이 더 풍성하고 탄탄한 독서록을 쓸 수 있어요. 예를 들어 볼게요.

'세계의 명절과 축제'에 관한 책을 읽고 다섯 번째 주제 '생각을 말해요'에서 다음과 같이 한 줄 독서록 3개를 골랐어요.

5-❺	이 책을 맛으로 표현한다면 .... 맛이에요.

5-❷	책을 읽고 나니 .... 에 대해 더 알고 싶어요(또는 ~도 궁금해요).

5-❹	다음 이야기가 나온다면 .... 이야기가 펼쳐졌으면 좋겠어요.

이때 빈칸을 채우며 사이사이에 떠오르는 생각들을 덧붙이면 나의 생각을 더 또렷하게 드러내는 독서록을 쓸 수 있어요. 이렇

게 쓴 독서록은 글이 매끄럽게 연결되어 있어서 읽을 때도 술술 잘 읽혀요. 한번 확인해 볼까요?

5-5 이 책을 맛으로 표현한다면 입안에서 톡톡 터지는 맛이에요.

생각 왜냐하면 책장을 넘기다 보면 마치 그 장소에 직접 가서 보는 것처럼 생생하게 느껴지기 때문이에요.

5-2 책을 읽고 나니 우리나라 명절과 축제에 대해 더 알고 싶어요.

생각 저는 설, 추석만 알고 있거든요.

5-4 다음 이야기가 나온다면 특별하고 재미있는 한국의 명절과 축제 이야기가 펼쳐졌으면 좋겠어요.

➕ 주제가 다른 한 줄 독서록도 자연스럽게 연결할 수 있어요.

4-4 작가님께 "다음 이야기 계획은 있나요?"라고 물어보고 싶어요.

한 줄 독서록을 꾸준히 사용하다 보면 어울리는 한 줄 독서록과 생각들을 자연스럽게 잘 연결하게 될 거예요.

이런 독서록도
쓸 수 있어요

어떤 한 줄 독서록을 고르고, 내 생각을 어떻게 덧붙이는지에 따라 다양한 유형의 독서록도 쓸 수 있어요.

신효원 작가가 쓴 《아홉 살에 시작하는 똑똑한 초등신문》을 읽고 '신문 기사 쓰기' 형식으로 쓴 독서록을 소개할게요.

신문 기사 쓰기

6-① 이 책은 신문에 전혀 관심이 없던 나에게 신문 읽기의 재미를 안겨 줬기 때문에 별 5개를 주고 싶어요.

6-② 신문 읽기가 처음이거나 최신 뉴스가 궁금할 때 읽으면 좋은 책이에요.

6-⑤ 이 책의 광고 문구를 만든다면 '신문 읽기로 똑똑한 초등학생이 되고 싶다면 꼭 읽어 보세요.'라고 만들래요.

이번에는 백희나 작가가 쓴 《알사탕》을 읽고 '작가에게 편지 쓰기' 형식으로 쓴 독서록을 소개할게요.

작가에게 편지 쓰기

생각 알사탕의 백희나 작가님께.

백희나 작가님, 안녕하세요?

저는 《알사탕》《장수탕 선녀님》《구름빵》까지 백희나 작가님의 책이라면 꼭 찾아 읽는 △△초등학교 ○○○ 이에요.

4-③ 저랑 엄마 둘 다 작가님의 팬이기 때문에 작가님에게 '모두 팬으로 만드는 그림책 천재 상'을 주고 싶어요.

생각 어른, 아이 모두를 사로잡는 재미있는 그림책을 만들어 주셔서 감사합니다.

4-⑤ 작가님이 쓴 《알사탕 제조법》도 읽고 싶어요.

생각 다음에 도서관에 가면 꼭 찾아볼게요.

30개의 한 줄 독서록이 익숙해지고, 내 생각을 자유롭게 펼칠수록 더 짜임새 있는 다른 유형의 독서록도 쓸 수 있어요. 30개의 한 줄 독서록으로 다양한 유형의 독서록에도 도전해 보세요.

성장하는 독서록 비법을
알려 줄게요

지금까지 한 줄 독서록을 통해 내 생각을 여러 방향으로 풍성하게 표현하는 방법을 배웠어요.

한 줄 독서록은 독서록을 시작하는 첫걸음이자 더 다양한 갈래의 글쓰기를 할 수 있는 기초가 돼요. 여기에 더 잘 쓰기 위한 고민과 노력이 더해지면 보다 훌륭한 글을 쓸 수 있어요. 이제 한 걸음 더 나아가기 위한 성장하는 독서록 비법을 소개할게요.

방법1 내 생각을 그림이나 말로 표현하는 연습을 먼저 해요.

생각을 글로 쓰는 것이 어렵다면 좀 더 쉬운 방법으로 표현해 보세요. 내가 잘할 수 있는 단계부터 시작해야 재미를 느끼고 꾸준히 연습할 수 있어요.

방법2 어휘력을 키워 주는 사전을 가까이해요.

단어를 많이 알수록 내 생각을 글로 표현하는 것이 쉬워져요. 모르는 단어를 만날 때마다 사전에서 단어의 뜻을 찾는 습관을 갖도록 해요.

방법3 재미있게 읽은 책의 일부를 따라 써요.

작가가 쓴 문장을 따라 쓰다 보면 문장의 구조를 익힐 수 있어요. 나만의 새로운 한 줄 독서록을 만들 때 도움이 될 거예요.

방법4 가족을 내 글의 독자로 만들어요.

나에게 아낌없는 칭찬과 격려를 해 줄 독자를 만들어 보세요. 독서록 쓰기에 재미와 보람을 느껴 계속 독서록을 쓰고 싶을 거예요.

냥쌤, 질문 있어요

30개의 한 줄 독서록을 활용해서 글을 쓸 때 친구들이 자주 하는 질문을 모아 보았어요. 내가 궁금했던 내용도 있는지 함께 살펴보아요.

부록

보관 상자에 담아 책상 위에 올려 두고
독서록을 쓸 때마다 찾아보면서 사용해요.
빈칸 채우기가 어려울 때는 뒷면의 예시를 참고하세요.

나만의 한 줄 독서록을 만들어 사용해 보세요.
생각하는 힘도 기를 수 있고,
재미있게 카드를 사용할 수 있어요.

한 줄 독서록 카드 1-❶~2-❶

한 줄 독서록 1-❶

책 표지를 보니
-------------------이야기가
펼쳐질 것 같아요.

한 줄 독서록 1-❷

이 책을 고른 이유는
-------------------때문이에요.

한 줄 독서록 1-❸

이 책은
-------------------이야기를
담은 책이에요.

한 줄 독서록 1-❹

책에서 가장 기억에 남는
문장은 '-------------------'
이에요.

한 줄 독서록 1-❺

-------------------장면이
가장 인상적이었어요.

한 줄 독서록 2-❶

주인공(은)
-------------------(해)요.

한 줄 독서록 1-❷ 예

이 책을 고른 이유는 어린이 심사 위원이 뽑은 책이라는 스티커가 붙어 있었기 때문이에요.

한 줄 독서록 1-❶ 예

책 표지를 보니 알사탕을 처음 먹어 보는 아이가 알사탕은 어떤 맛일까 궁금해하는 이야기가 펼쳐질 것 같아요.

한 줄 독서록 1-❹ 예

책에서 가장 기억에 남는 문장은 '나만 빼고 모두 특별해 보인다.'이에요.

한 줄 독서록 1-❸ 예

이 책은 지하철을 처음 타는 누나 지원이와 동생 병관이의 엉뚱발랄한 지하철 여행 이야기를 담은 책이에요.

한 줄 독서록 2-❶ 예

주인공은 망설이지 않고 달려가 도움의 손길을 내미는 것으로 보아 따뜻한 마음씨를 가졌어요.

한 줄 독서록 1-❺ 예

재은이가 걱정 세탁소 사용법을 읽은 뒤, 천천히 심호흡을 하고 고글을 쓰는 장면이 가장 인상적이었어요.

한 줄 독서록 2-❷

주인공(은) .... (해)서
'...............'(이)라는 별명을
지어 주고 싶어요.

한 줄 독서록 2-❸

주인공(이)
.... (한) 것을
칭찬해 주고 싶어요.

한 줄 독서록 2-❹

주인공에게
"..................."라고
물어보고 싶어요.

한 줄 독서록 2-❺

주인공에게
"..................."라고
말해 주고 싶어요.

한 줄 독서록 3-❶

나도 .... 했던
경험이 있어요.

한 줄 독서록 3-❷

주인공이
.... (한) 점이
나와 같아요(또는 달라요).

한줄 독서록 2-❸ 〈예〉

주인공이 친구의 비밀을 끝까지 지켜 준 것을 칭찬해 주고 싶어요.

한줄 독서록 2-❷ 〈예〉

주인공은 궁금한 것을 그냥 지나치지 못해서 '호기심 박사'라는 별명을 지어 주고 싶어요.

한줄 독서록 2-❺ 〈예〉

주인공에게 "나도 너처럼 친한 친구가 새로운 친구랑 놀아서 서운했던 적이 있어."라고 말해 주고 싶어요.

한줄 독서록 2-❹ 〈예〉

주인공에게 "다시 알사탕을 먹게 된다면 이번에는 누구 속마음을 알고 싶어?"라고 물어보고 싶어요.

한줄 독서록 3-❷ 〈예〉

주인공이 얌체같이 행동하는 어른들에게 불만이 있는 점이 나와 같아요.

한줄 독서록 3-❶ 〈예〉

나도 학교 오는 길에 줄지어 가는 개미 떼를 만나서 한참 관찰했던 경험이 있어요.

한 줄 독서록 카드 3-❸~4-❸

한 줄 독서록 3-❸

주인공(또는 등장인물)

------------------ 와/과

(내가 아는 사람) ---------- 은/는

------------------ 점이 닮았어요.

한 줄 독서록 3-❹

나도 주인공처럼

------------------ (해 보고)

싶어요.

한 줄 독서록 3-❺

내가 주인공이라면

------------------ (했을) 것

같아요.

한 줄 독서록 4-❶

작가님은

"------------------"라고

말하고 싶은 것 같아요.

한 줄 독서록 4-❷

------------------ 때문에

작가님을 칭찬해 주고 싶어요.

한 줄 독서록 4-❸

------------------ 때문에

작가님에게 '---------- 상'을

주고 싶어요.

한줄 독서록 3-❹ 예

나도 주인공처럼 나무 집을 짓고, 레모네이드 분수를 만들어서 마음껏 레모네이드를 먹고 싶어요.

한줄 독서록 3-❸ 예

주인공 구름이와 내 동생 서하는 엄마 껌딱지인 점이 닮았어요.

한줄 독서록 4-❶ 예

작가님은 "키가 작다고 마음도 작은 게 아니야."라고 말하고 싶은 것 같아요.

한줄 독서록 3-❺ 예

내가 주인공이라면 혼자서만 끙끙대지 않고 편지를 써서 솔직한 마음을 전했을 것 같아요.

한줄 독서록 4-❸ 예

장애를 가진 아이의 마음을 따뜻하게 어루만지는 글을 썼기 때문에 작가님에게 '마음 난로 상'을 주고 싶어요.

한줄 독서록 4-❷ 예

우리 몸에 관한 궁금증을 재미있는 질문과 함께 풀어 갔기 때문에 작가님을 칭찬해 주고 싶어요.

한 줄 독서록 4-❹

○○○ 작가님께
"_____"라고
물어보고 싶어요.

한 줄 독서록 4-❺

○○○ 작가님이 쓴
(또 다른 책) 《_____》도
읽고 싶어요.

한 줄 독서록 5-❶

책을 읽고
_____ 알게
되었어요.

한 줄 독서록 5-❷

책을 읽고 나니
_____에 대해
더 알고 싶어요
(또는 ~도 궁금해요).

한 줄 독서록 5-❸

책 제목을
《_____》(으)로
바꾸고 싶어요.

한 줄 독서록 5-❹

다음 이야기가 나온다면
_____이야기가
펼쳐졌으면 좋겠어요.

한 줄 독서록 4-❺ 예

홍민정 작가님이 쓴 《낭만 강
아지 봉봉》도 읽고 싶어요.

한 줄 독서록 4-❹ 예

백희나 작가님께 "작가님은
엄청 많은 책을 쓰셨는데, 제
일 아끼는 보물 1호 책은 무엇인
가요?"라고 물어보고 싶어요.

한 줄 독서록 5-❷ 예

책을 읽고 나니 독이 있는 동물
에 대해 더 알고 싶어요.

한 줄 독서록 5-❶ 예

책을 읽고 인간 대신 우주에
먼저 간 우주개가 있다는 것
을 알게 되었어요.

한 줄 독서록 5-❹ 예

다음 이야기가 나온다면 와니
니 무리가 하이에나 마을을
습격하는 이야기가 펼쳐졌으
면 좋겠어요.

한 줄 독서록 5-❸ 예

읽은 책 제목: 진짜 어린이 마
음 사전
책 제목을 《진짜 어린이 속마
음》으로 바꾸고 싶어요.

한 줄 독서록 카드 5-❺~6-❺

한 줄 독서록 5-❺

이 책을 맛으로 표현한다면

------------------ 맛이에요.

한 줄 독서록 6-❶

이 책은

------------------ 때문에

별 .... 개를 주고 싶어요.

＊최고 별점은 5개로 약속해요.

한 줄 독서록 6-❷

이 책은

------------------ (할 때)

읽으면 좋은 책이에요.

한 줄 독서록 6-❸

------------------ 때문에

------------------ 에게

이 책을 추천해 주고 싶어요.

한 줄 독서록 6-❹

------------------ 때문에

------------------ 을/를

이 책의 미래 독자에게

선물하고 싶어요.

한 줄 독서록 6-❺

이 책의 광고 문구를 만든다면

'------------------'(이)라고

만들래요.

한줄 독서록 6-❶ **예**

이 책은 호기심 가득한 아이의 질문은 흥미롭지만 공감이 안 되는 대답들이 있기 때문에 별 3개를 주고 싶어요.

한줄 독서록 5-❺ **예**

이 책을 맛으로 표현한다면 유쾌하고 통쾌하고 시원한 맛이에요.

한줄 독서록 6-❸ **예**

내 동생도 주인공처럼 친구 사귀기를 힘들어하기 때문에 내 동생에게 이 책을 추천해 주고 싶어요.

한줄 독서록 6-❷ **예**

이 책은 지친 하루, 응원이 필요한 날에 읽으면 좋은 책이에요.

한줄 독서록 6-❺ **예**

이 책의 광고 문구를 만든다면 '고구마구마, 처음부터 끝까지 웃음이 가득한 책! 정말 재밌구마!'라고 만들래요.

한줄 독서록 6-❹ **예**

이 책을 읽으면 알게 된 역사 상식을 테스트해 보고 싶어지기 때문에 한국사 퀴즈 책을 이 책의 미래 독자에게 선물하고 싶어요.

내가 만든 한 줄 독서록 카드